Jochen Windheuser

Sonette

an
Heldinnen und Helden
der Geschichte

*mit Portraitzeichnungen
von Dietmar R. Horbach*

... den vielen stillen Helden,
deren Namen die Geschichte nicht aufbewahrt

Bibliografische Information der Deutschen Nationalbibliothek:

Die Deutsche Nationalbibliothek verzeichnet diese Publikation

in der Deutschen Nationalbibliografie; detaillierte bibliografische

Daten sind im Internet über http://dnb.dnb.de abrufbar.

© 2020 Jochen Windheuser

Herstellung und Verlag

BoD – Books on Demand, Norderstedt

ISBN 978-3-7526-6817-9

Inhaltsverzeichnis *Seite*

Vorwort 7

Gudridur Thorbjarnardottir 11

Franz von Assisi 15

Elisabeth von Thüringen 19

Jeanne d'Arc 23

Thomas Müntzer 27

Thomas More 31

Giordano Bruno 35

Pocahontas 39

Friedrich Spee von Langenfeld 43

Olympe de Gouges 47

Franz Schubert 51

Robert Blum 55

Rosa Luxemburg 59

Auguste Kirchhoff 63

Janusz Korczak 67

	Seite
Edith Stein	71
Cato Bontjes van Beek	75
Sophie Scholl	79
Leo Drabent	83
Dietrich Bonhoeffer	87
Mahatma Gandhi	91
Elsa Brandström	95
Camilo Torres	99
Martin Luther King	103
Nelson Mandela	107
Informationen zum Autor	113
Informationen zum Zeichner	115

Vorwort

Dieses Buch entstand in Corona-Zeiten. „Heldinnen und Helden" hatten Konjunktur: Pflegekräfte, Verkäuferinnen. Welch eine begrüßenswerte Veränderung der Aura dieses Begriffs!

Das klassische Bild vom Helden, von Achill bis Zorro, ist der Einzelkämpfer mit Schwert oder Pistole. Die Geschichte wimmelt von solchen Gestalten, meist literarisch überhöht, oft für Propaganda missbraucht, selten so trefflich und ohne Häme karikiert wie der „Held Hogan" beim trinkfesten irischen Schriftsteller Brendan Behan.

Als ich einmal Kriegserinnerungen der Vätergeneration las, stieß ich auf ein merkwürdiges Wort: „Heldenklau". Es ging darum, dass in der deutschen Wehrmacht im Weltkrieg hohe Offiziere anderen Heeresabteilungen Soldaten wegnahmen, um sie bei eigenen militärischen Aktionen zu „verheizen". Die Betroffenen reagierten darauf mit dieser verzweifelten Selbstironie.

Ein gefährliches Wort, schillernd, belastet, weit auslegbar. Und doch anziehend. Helden sind Sehnsuchtsbilder, schon für Kinder und Jugendliche (jedenfalls männliche), aber sie können uns ein Leben lang im psychischen Untergrund begleiten, als nagender Anspruch im ach so mäßigen Alltag. „So solltest du eigentlich leben!"

Irgendwann faszinierte mich eine historische Gestalt, es war Friedrich Spee von Langenfeld, und ich habe versucht, ein Gedicht über ihn zu schreiben. Dann und wann übertrug ich die Idee auf andere interessante Menschen der Geschichte, die Sammlung wuchs, und ich fragte mich: Warum habe ich diese Menschen ausgewählt? Gibt es einen Begriff für sie, eine griffige Überschrift?

Als sich mir das Wort Held, Heldin aufdrängte, wurde mir klar: Helden, das sind für mich nicht die mit dem Schwert. Viele in diesem Buch, nicht alle, meiden Gewalt, suchen Frieden. Gescheiterte sind darunter, früh Ermordete oder an einer Krankheit Verstorbene, manchmal von ihren Zeitgenossen oder später ausgenutzt, manche waren eigenwillige Charaktere, auch selbst nicht einwandfrei – aber immer solche, die mutig ihren Idealen folgten, ihrer Idee, ihrem eigenen Weg, oft christlich inspiriert.

Manche werden in ihrem Sonett auch kritisch gesehen, wie Jeanne d'Arc, die einzige „klassische" Heldin. Franz Schubert fällt aus dem Rahmen, ein „Anti-Held", der eine unglaublich kreative Fülle einem kurzen verkorksten Leben abtrotzen musste. Einige von Faschisten Ermordete sind dabei, vor denen ich, ein Nachkriegskind, mich verneige.

Gewiss – die Auswahl bleibt meinem Kulturkreis verhaftet: Deutschland, Europa.

Noch ein Wort zur Form der Gedichte. Es sind durchweg Sonette mit immer gleichem Reimschema und konsequent jambischer Rhythmik. Diese klassische, u.a. auf Petrarca und später Shakespeare zurückgehende lyrische Form hat mich angezogen; vielleicht ist gerade sie auch angemessen, um den Ernst des Themas auszudrücken.

In viele Sonette sind kleine Originalzitate der jeweiligen historischen Person eingestreut und durch Anführungsstriche gekennzeichnet.

Den Sonetten vorangestellt sind kurze Lebensläufe der betreffenden Personen, weil einzelne womöglich nicht jedem Leser bekannt sein dürften. Das erspart den Blick in das von mir auch hier als Quelle geschätzte Wikipedia.

Dietmar R. Horbach, selbst Buchautor, aber auch der bildenden Kunst verpflichtet, hat die Portraitskizzen zu jeder historischen Person gefertigt. Die Zeichnungen beziehen sich jeweils getreulich auf bekannte Fotos oder zeitgenössische Gemälde, bei einigen wenigen auf spätere, künstlerisch stilisierte Darstellungen, betonen aber subjektiv bestimmte individuelle Charakteristika.

Bremen, im November 2020,

Jochen Windheuser

Gudridur Thorbjarnardottir

980 - 1019

Gudridur Thorbjarnardottir war die Tochter eines Häuptlings und Godenpriesters auf der Snaefellsnes in Island. Die Saga von Erik dem Roten, dem Wikinger, der den Süden Grönlands besiedelte, beschreibt sie als schöne und außergewöhnliche Frau. Sie folgte ihrem Vater nach Grönland.

Ihren ersten Mann verlor sie durch eine Seuche, ebenso ihren zweiten, einen Sohn Eriks. Ihr Schwager Leif Eriksson nahm sie auf. Mit ihrem dritten Mann, einem Isländer königlich-schwedischer Abstammung, organisierte sie eine dreijährige Expedition nach Vinland im heutigen Kanada. Dort gebar sie ihren ältesten Sohn Snorri, vermutlich der erste in Amerika geborene Europäer.

Fortan lebte sie mit ihrer Familie auf dem Hof ihres Mannes, Glaumbaer im nördlichen Island, recht bald erneut als Witwe.

Gudridur lebte in der Zeit des Umbruchs in Island von der nordischen Religion zum Christentum. Sie beherrschte die alten Riten, lebte aber als Christin. Wie ihr früh prophezeit wurde, unternahm sie nach der Heirat ihres Sohnes eine Pilgerreise nach Rom – damals höchst ungewöhnlich für eine Frau – und zog anschließend als Nonne in das Kloster, das ihr Sohn für sie in Glaumbaer errichtete.

Gudridur Thorbjarnardottir

Dein Vater, Sklavensohn, vererbt dir Stolz
und Mut. Ein Frauenleben ohnegleichen.
Nach Westen! Grönland! Junge Arme reichen
dem roten Erik sich entgegen, Holz

aus seinem Holz, gekerbt von Islands Wind,
gehärtet, als du Mann und Mann verlierst,
dem dritten endlich einen Sohn gebierst,
des neuen Landes, Vinland, erstes Kind!

Ein weiter Weg, auf Schiffen und im Geist,
von Eisesküsten bis zur ew'gen Stadt,
von Godenriten bis zu Christi Wille,

wie nie ein Mann, kein König je gereist,
ein Weg, vom Schicksal dir gewiesen, hat
am Ende heimgeführt in Klosterstille.

Franz von Assisi

1181 - 1226

Giovanni di Bernardone, Francesco gerufen, war der Sohn eines reichen Kaufmanns im mittelitalienischen Assisi. In der Jugend soll er dem Geschäft und Genuss gelebt haben, bis ihn ein Kriegserlebnis erschütterte. Nach visionären Begegnungen mit Christus sagte er sich von seinem Erbe los und werkelte eigenhändig am Wiederaufbau der Kirche von Assisi.

Mit zwei Gefährten – später wurden es zwölf nach der Zahl der Apostel – befolgte er die Armutsregeln im Neuen Testament wörtlich und lebte besitzlos nur von Almosen. Über wohlgesonnene Bischöfe erreichte er die päpstliche Anerkennung ihrer Lebensweise als Wanderprediger und vermied so eine Verfolgung durch die Kirche, anders als andere die Armut predigenden Gruppen zu jener Zeit wie die Katharer.

Legendär wurde seine Predigt vor einem muslimischen Sultan während des Kreuzzugs im Jahr 1219.

Bald hatte sich seine Gemeinschaft über Europa verbreitet, aber auch verändert. Sie bekam eine Ordensregel, einen Kardinal als Aufseher, und wurde für die geistlich-kirchlichen Kämpfe der Zeit instrumentalisiert. Er selbst zog sich in eine Einsiedelei zurück. Berühmte Gebete und Gesänge, aber auch Legenden wie eine Stigmatisierung sind überliefert. Schon zwei Jahre nach seinem Tod wurde er heiliggesprochen.

Franz von Assisi

Wo bist du, Kaufmannssohn? Legendengrab
verdeckt, verschleiert deine kesse Jugend.
Aus Vatertrotz wird feste Armutstugend
nach Jesu Wort: „Kein Schuh, kein Wanderstab!"

Du kommst zur rechten Zeit. Bist radikal
im Lebensanspruch, doch der Kirche treu,
das hilft dem Papst, als mache er sie neu:
die reinen Ketzer treibt's in Tod und Qual.

Ein Lied für „uns're Schwester Mutter Erde",
Gesang der Sonne, Predigt der Natur,
aus Achtsamkeit – tut heute bitter Not.

Dass diese Liebe zur Gemeinschaft werde,
ist deine Sehnsucht. Doch: ein Orden, stur
nach Regeln, wird's. Zu dir kommt „Schwester Tod".

Elisabeth von Thüringen

1207 - 1231

Prinzessin Erzsébet, denn eine Ungarin war sie, wurde 1207 als Tochter des ungarischen Königs geboren. Ihre Mutter stammte aus einem weit in Europa verzweigten Adelshaus.

Mit 4 Jahren wurde sie dem Sohn des Thüringer Landgrafen versprochen und kam, damals üblich, an dessen Hof. Mit Phantasie und Willensstärke hat sie sich dem höfischen Leben widersetzt. Wegen ihrer Mitgift gab es Auseinandersetzungen.

Der Landgraf und sein Erstgeborener starben früh, und sie heiratete mit 14 den nachfolgenden Sohn Ludwig. Entgegen damaliger Gepflogenheiten war die Ehe von emotionaler Liebe und viel Gemeinsamkeit geprägt. Sie begleitete ihn gern auf Reisen, umgekehrt förderte er ihre sozialen Tätigkeiten. Gemeinsam gründeten sie ein Krankenhaus.

Als sie von den Idealen des Franz von Assisi hörte, begann sie, ihre Lebensführung zu radikalisieren und verschreckte ihre Verwandtschaft. Sie verschenkte Kleidung und Schmuck, webte mit ihren Dienerinnen Stoffe für die Armen und pflegte in einfachen Wollkleidern Kranke und Hungernde.

Nach dem Tod ihres Gatten geriet sie in persönliche und religiöse Kontrolle des Geistlichen Konrad von Marburg. Sie verließ den Hof und diente als Spitalschwester. Als sie starb, nutzte Konrad Wundererzählungen und wachsende Verehrung im Volk zur frühen Heiligsprechung seines Mündels.

Elisabeth von Thüringen

Ein Kind, ganz munter, wild und frei, vergeben,
verkauft, verlobt so früh in fremde Hand,
und doch: von warmer Liebe glüht dein Ehestand,
Frau sein und Mutter füllt dein junges Leben.

Dann treibt's dich an die Wurzeln deines Seins:
mit allem, was dir ist, die Armut lindern,
im Dreck dich opfern Bettlern, Siechen, Kindern,
verachten Adelsgut, als wär's nicht deins.

Ein fromm besess'ner Mann peitscht deinen Rücken,
erzwingt mit Macht, was einst aus Liebe quillt,
betreibt aus Selbstsucht deine Heiligkeit.

„Ein Schilfrohr, tief gebeugt" aus freien Stücken:
dein Eigenbild, das Pfaffensehnsucht stillt,
zerstört dir Frauenkraft und heit're Zeit.

Jeanne d'Arc

1412 - 1431

Mitten im Hundertjährigen Krieg zwischen Frankreich und England wird Jeanne d'Arc in Domrémi an der Maas in eine Bauernfamilie geboren. Getrieben von jugendlichen Visionen, Frankreich von den Engländern zu befreien und dem Prinzen zum Thron zu verhelfen, verlässt sie mit 17 Jahren ihre Familie und erzwingt sich stürmisch und hartnäckig, sogar beim Kronprinzen persönlich, durch Nachweis ihrer Frömmigkeit und Jungfräulichkeit die Aufnahme ins königliche Heer.

Sie hilft bei der Befreiung der Stadt Orléans – daher ihr Beiname „Jungfrau von Orléans" – und beeindruckt durch Tapferkeit trotz Verwundung. Volksruhm flammt auf, sie dekoriert mit Fahne am Altar die Krönung des Prinzen zum König von Frankreich.

Als ihr Versuch, Paris zu befreien, scheitert, gerät sie in die Gefangenschaft der Burgunder und dann der Engländer. Nach aufwändigem Prozess mit Geständnis und angstvollen Widerruf wird sie wegen Zauberei, Häresie und Dämonenanbetung zum Scheiterhaufen verurteilt.

Posthum nutzt der neue König ihre Popularität und zieht die Burgunder auf seine Seite, so dass die Engländer vertrieben werden können. Bis heute wird Jeanne d'Arc von politischen Kräften instrumentalisiert.

Jeanne d'Arc

Warst allen alles, Mädchen von der Maas,
geliebte Heldin, Jungfrau, Geisel, Star
des wirren Krieges, heil'ge Hexe. Wahr
dein Tod nur, Feuer, angefacht von Hass.

Zerbrich das Bild, den Mythos der Nation,
spring aus der Rüstung, fort das Kriegspanier,
„fleh" nicht „um Gnade", du gehörst nur dir,
vergiss die Last der kindlichen Vision!

Nein, fromm erfüllt hast du die Gier der Pfaffen,
hast dich als Frau zum Opfer gern gebracht
dem König, der sich nährt von deinem Ruhm.

Damals wie heute strahlst du Glanz der Waffen,
betörte Männer folgen dieser Macht,
verrätst dein Herz, dein wahres Heiligtum.

Thomas Müntzer

1489 - 1525

Thomas Müntzer stammt aus dem Harz. Er wird etwa 1489 in Stolberg geboren. Sein Theologiestudium in Leipzig und Frankfurt (Oder) führt zur Priesterweihe und zu einem Kirchenamt in Braunschweig.

Bei Besuchen in Wittenberg wird er Anhänger Luthers. In seinem „Prager Manifest" greift er die katholische Kirche scharf an. Auf verschiedenen Stellen als Prediger tritt er für die Reformation ein. Schließlich wird er Pastor in Allstedt und heiratet dort. Er treibt eine Liturgiereform voran und übersetzt alle Messtexte ins Deutsche. In seiner Theologie führt er die Spiritualität der deutschen Mystik weiter, begründet aber aus der Bibel auch den Kampf um soziale Gerechtigkeit.

In einer Predigt vor seinem Fürsten und dessen Sohn fordert er die Unterstützung der Reformation und prangert soziale Missstände an. Er muss fliehen, gelangt in die Obhut der freien Reichsstadt Mühlhausen und wird dort Pfarrer.

Inzwischen toben Bauernkriege. Müntzer steht auf der Seite der Bauern und gerät in scharfen Gegensatz zu Luther, den er als Hörigen der Fürsten angreift. Unterstützt von Bergleuten aus seiner Heimat, führt er das Bauernheer in die vernichtende Niederlage von Frankenhausen gegen den hessischen Landgrafen. Er wird aufgegriffen, gefoltert und enthauptet.

Thomas Müntzer

„Dran, dran, ihr wack'ren Knappen!" Müntzers Wort
verspricht verzweifelt Segen, Sieg und Tod.
Ihr armen Bauern, reckt aus Wut und Not
der Sensen Schneide zum Tyrannenmord!

Gott spricht zu euch, wie's euer Ohr versteht,
nach eurem Maul sollt ihr Ihm Lieder singen,
um Brot und Recht und Leben wird Er ringen,
Sein Geist durch eure bangen Herzen weht.

Ihr Volk im Elend, euch sei Gold und Gut
der reichen Hansen, euch der Städte Schutz
vor Fürstenhieben, Hunger, Kälte, Regen.

Ein Acker bei Mühlhausen, rot von Blut,
empfängt das müde Haupt, einst kühn von Trutz,
gefällt durch gräflich Henkers scharfen Degen.

Thomas More

1478 - 1535

Thomas More oder Morus, geboren 1478 in London, war englischer Staatsmann (Lordkanzler unter Heinrich VIII.) und humanistischer Autor der Renaissance. Die anglikanische und die römisch-katholische Kirche verehren ihn als Heiligen und Märtyrer, er gilt als Patron der Regierenden und Politiker. Seine Schrift „Utopia" über eine ideale Gesellschaft wurde berühmt.

Thomas besuchte eine Lateinschule und leistete Pagendienste am Hof des Lordkanzlers und Erzbischofs von Canterbury. Später erfolgte eine juristische Ausbildung, die er 1501 abschloss. Er betätigte sich erfolgreich als Rechtsanwalt und Unterhändler.

Aus seiner Ehe mit Joan Colt entstammen drei Töchter. Nach dem Tode seiner Frau heiratete More erneut. Die Ehe blieb kinderlos.

1510 wurde er Undersheriff von London. König Heinrich VIII. wurde auf ihn aufmerksam und schickte ihn auf diplomatische Missionen. Als der Lordkanzler, der Erzbischof von York, zurücktreten musste, weil er den Papst nicht bewog, die Ehe mit Katharina von Aragón zu annullieren, erhielt More das Amt.

Doch auch dieser folgte aus Treue zur römisch-katholischen Kirche dem Wunsch des Königs nicht. Er trat von seinem Amt als Lordkanzler zurück. Als der König ihn zwingen wollte, ein Gesetz zur Legitimierung der unehelichen Kinder mit Anne Boleyn anzuerkennen, weigerte sich More. Er wurde verhaftet und am 6. Juli 1535 durchs Schafott hingerichtet.

Thomas More

Kein Murren, Herr, „kein Seufzen gib und Klagen,
Verdauung, ja, Humor zum Scherzen"! Klug
versiehst du, Musterdiener ohne Trug,
dein Amt, das Recht, dein Haus in guten Tagen.

Utopia – Insel deiner Phantasie,
ein ferner Wunschtraum braver Volksfamilien,
ein blühend' Gartenland von weißen Lilien:
war's Sehnsucht? Spott? Oh Welt, so wirst du nie?

Kein Rückzug, keine feinen Winkelzüge
verbergen dich vor Heinrichs kalter Wut.
Nicht Aufruhr, nicht beherzte Mannestat,

nicht Knüpfen starken Netzwerks zur Intrige
zerstört dich: Pochen auf ein rechtlich' Gut,
dein Schweigen vor dem Schwur ist dein Verrat.

Giordano Bruno

1548 - 1600

In Nola bei Neapel wurde 1548 Filippo Bruno geboren, daher sein Beiname „Nolaner". Giordano wurde sein Ordensname bei den Dominikanern, denen er mit 17 beitrat. Dort schon zeigte sich seine Widerspenstigkeit, sein unabhängiger Geist: Er verweigerte die Heiligenverehrung, wurde aber dennoch zum Priester geweiht.

1576 geriet er dann doch in den Verdacht der Häresie. Es folgte der Austritt aus dem Orden und eine beispiellose Odyssee durch Europa. Kirchliche und staatliche Behörden, aber auch seine Unruhe trieben ihn quer durch Italien, die Schweiz, wo er in Streit mit den Calvinisten geriet, dann nach Frankreich. Immer wieder glänzte er an Universitäten durch seine Rhetorik, seine intelligenten Theorien und seine Kunst des Gedächtnisses.

In England disputierte er an der Universität Oxford, musste das Land aber nach Verbreitung von Schmähschriften wieder verlassen. In Deutschland reüssierte er bei den Lutheranern (Wittenberg, Helmstedt), bis auch sie ihn exkommunizierten. Streitthemen waren seine Gegnerschaft zu Aristoteles, die Ablehnung der Gottessohnschaft Jesu und seine moderne Vorstellung von einer in Zeit und Raum unendlichen Welt.

Zurück in Italien, wurde er in Venedig verhaftet. Die Inquisition in Rom konnte ihn nicht zum Widerruf zwingen und verurteilte ihn. Er starb auf dem Scheiterhaufen.

Giordano Bruno

Oh „heil'ge Dummheit! Heil'ge Ignoranz!"
Dein Spott trifft lustvoll „frommes Eselshirn",
es reizt dein freches Wort, die kühne Stirn
der Kirchen Päpste auf zu bösem Tanz.

Natur, Diana, Liebe, Gott in Welt:
zu denken nur in grenzenlosem Raum,
im Sternenteppich ohne Rand und Saum,
den Licht und Leben ewig weit erhellt.

Dich aber jagt dein Kampf durch's Abendland,
musst heimatlos durch dutzend Städte ziehn,
um Schutz und Pfründe bettelnd, stets verdammt.

Verrat! In Kirchenhaft durch Freundeshand,
stößt dich der mächt'ge Feigling Bellarmin
ins Ketzerfeuer: „Licht, das dich entflammt".

Pocahontas

1595 - 1617

Der Vater, Häuptling der Algonkin-Indianer, liebte seine um 1595 geborene Tochter Matoaka sehr. Pocahontas nannte er sie, die „Verspielte".

Neugierig und selbstbewusst begegnete sie den neu im späteren Virginia angelandeten Siedlern, half ihnen bei der Ansiedlung und stiftete Frieden zwischen ihnen und ihrem Stamm. Sie dachte und handelte „multikulturell".

Zum Dank wurde sie auf ein Schiff gelockt, dort festgehalten und getauft – freiwillig? Als „Rebecca" heiratete sie einen Pflanzer namens Rolfe und sicherte durch ihren Einfluss den Kolonisten einen achtjährigen Frieden.

Als Botschafterin ihres Stammes gelangte sie nach London und wurde durch ihr Auftreten zum Liebling am Königshof. Kurz vor ihrer Rückreise starb sie 1617 an einer Infektion.

Rebecca Rolfe, die Pocahontas, wurde zur „Mutter zweier Nationen" stilisiert. In der Geschichtsschreibung der USA hält sie bis heute als Beispiel dafür her, dass die Besiedlung Nordamerikas durch Weiße auch hätte friedlich verlaufen können, wenn alle Eingeborenen so gewesen wären wie sie. Gemälde, Spielfilme und diverse Songs handeln von dieser Erzählung, und Familien in Virginia führen ihren Stammbaum gern auf Pocahontas' einzigen Sohn Thomas Rolfe zurück.

Pocahontas

Du Frau des Friedens, Pocahontas! Schuld
der Weißen rein zu waschen, nutzten freche
Kolonnen deinen milden Sinn. Die Zeche
bezahlten Rote mit dem Tod. Dein Kult

lässt Disney heute Geld verdienen, deckt
Vernichtung ganzer Völker zu. Geschichte
der USA vergisst, verdrängt das dichte
Gewaltgeflecht, das tief im Lande steckt.

Dann „Christin", schöne Botschaft deines Stammes,
Rebecca, „Mutter zweier Völker", Glanz
am Hof in London, Gattin eines Weißen,

du „Wilde" mit dem Herzen eines Lammes,
verzehrt im raschen, kranken Todestanz,
Symbol des Friedens, der uns einst verheißen.

Friedrich Spee von Langenfeld

1591 - 1635

Friedrich Spee von Langenfeld, geboren 1591 in Kaiserswerth bei Düsseldorf, entstammt altem rheinischen Adel. Gegen den Willen der Eltern zieht es ihn in den Jesuitenorden, und dort am liebsten in die Indienmission. Dies wird ihm versagt, als er nach Theologie- und Philosophiestudium zum Priester geweiht wird. Stattdessen arbeitet er als Dozent an Jesuitenkollegs und muss bei der Rekatholisierung in Peine helfen, wo er überfallen und verletzt wird.

Dann, als Professor in Paderborn, gerät er durch seine Lehre in Widerspruch zu seinem Orden. Besonders sein Buch „Cautio criminalis“, eine scharfsinnige juristische Abrechnung mit den Hexenprozessen, das zunächst anonym erscheint, bringt ihn selbst an den Rand der Verfolgung. Wieweit es auf eigene Erfahrungen als Beichtvater angeklagter Frauen zurückgeht, ist umstritten.

Letztlich schützt ihn der Orden, zieht ihn aber nach Trier zurück, wo er als Gefängnis- und Krankenhauspfarrer tätig wird. Bei der Pflege von pestkranken Soldaten im Jahre 1635 steckt er sich an und stirbt.

Nachhaltig gewirkt hat Spee nicht nur bei der Abschaffung der Hexenprozesse, sondern auch durch geistliche Literatur und vor allem durch zahlreiche emotionale Kirchenlieder, die bis heute in den Gesangbüchern beider Konfessionen stehen, so etwa das Weihnachtslied „Zu Bethlehem geboren“.

Friedrich Spee von Langenfeld

Dein Lied: „Tu auf, tu auf, du schönes Blut",
reißt auf den Leib. Kannst nicht der Pest erwehren,
des Halsgerichts! „Gott will zu dir sich kehren",
zerstreut dein banges Häuflein Menschenmut.

Schneid zu, schneid zu! Dein Buch, dein scharfes Wort
hat heilend aufgestochen schwarze Schwären,
uralte Herzenspest aus frommen Lehren,
die Frauen quält und foltert bis zum Mord.

Traumlieder, warm und zart gesungen, treiben
die Wurzeln dürstend tief in Angst und Leid
des kriegszermürbten, müden Volks. Wundoffen

und schwankend, zäh und festen Sinns: Es reiben
sich schmerzvoll Kraft und Schwäche, Spee, so weit
von mir, und fühl mich doch so nah getroffen.

Olympe de Gouges

1748 - 1793

Olympe de Gouges ist der Künstlername, den die in Südfrankreich geborene Marie Gouze für ihre Texte und Theaterstücke zur Revolutionszeit in Paris gebrauchte. Sie entstammte wahrscheinlich dem Verhältnis ihrer Mutter zu einem Landadligen, der sie jedoch verleugnete.

Nach Zwangsheirat und Tod ihres Ehemanns zog sie als junge Witwe nach Paris und stürzte sich auf eigene Faust in einen Bildungsprozess: Hochfranzösisch sprechen, lesen, schreiben, Theater besuchen, Texte verfassen. Schon vor der Revolution trat sie öffentlich ein gegen Sklaverei und Scheinmoral und für Frauenrechte, wie das Scheidungsrecht.

Sie wurde als weibliche Autorin angefeindet, war zeitweise sogar inhaftiert, blieb aber politisch präsent und literarisch produktiv. Die Revolution ab 1789 war eine Domäne bürgerlicher Männer, die Menschenrechtserklärung kümmerte sich nicht um Frauen (wie auch nicht um Arme).

Olympe de Gouges prangerte dies leidenschaftlich an. Gegen die neue Verfassung verlangte sie in einer öffentlichen Deklaration gleiche Rechte für das weibliche Volk. Ihre Anklage machte auch vor Robespierre nicht halt. Das brachte sie 1793 vor ein Tribunal, das in einem kurzen Prozess diesem Aufbegehren einer Frau durch die Guillotine ein Ende setzte.

Olympe de Gouges

Als Bastard eines feigen frommen Grafen
geboren, ohne Bildung, Zwangsheirat,
gehst mutig nach Paris, bereit zur Tat,
lernst Schreiben, Dichten, kämpfst fürs Recht von Sklaven.

Dann tobt der Umsturz. Frankreichs Männerwelt
erobert sich die Menschenrechte, Macht
den „Brüdern", Freiheit, Gleichheit – nicht gedacht
für Frauen! Klar dein Ruf dagegenhält,

dein Manifest: „Die Frau wird frei geboren,
dem Manne gleich in allen Rechten!" Quer
zur neuen Ordnung, laut auf off'ner Bühne,

dein Kampf, um hundert Jahr' zu früh, verloren,
ein Fingerzeig genügt von Robespierre,
es fällt dein stolzes Haupt die Guillotine.

Franz Schubert

1797 - 1828

Seine musikalische Begabung zeigte sich schon früh. Franz Schubert, Sohn eines Schulleiters, lernte schon als Kind Violine und Orgel. Dies und seine Stimme führten ihn in die Wiener Hofkapelle. Das Spielen von Meisterwerken und der Kompositionsunterricht fruchteten: Schon mit 13 schrieb er Klavierstücke, Streichquartette und Lieder.

Schubert komponierte wie besessen, zunächst neben seinem Broterwerb als Hilfslehrer seines Vaters, dann als freier Künstler. Die Verlage lehnten ihn jedoch ab, und Stellengesuche scheiterten.

Immer wichtiger wurde sein Freundeskreis. Sie waren ihm Zuflucht und Halt, sie organisierten ihm Auftritte in den Salons, die „Schubertiaden", und sie propagierten seine Kompositionen, besonders seine zahlreichen, bis heute geliebten Lieder, so dass er sein Leben unterhalten konnte.

In den weiteren Jahren wurden seine Kompositionen immer dichter, klarer, berückender, sein Leben jedoch immer gebrochener. Einzelne Erfolge, auch finanzielle, stellten sich ein, aber Krankheiten und Alkohol nagten an der Substanz. Bis zuletzt war er auf Freunde angewiesen. Er starb im Alter von 31 Jahren an Typhus.

Franz Schubert

Der Vater schweigt. Die Freunde gehen leise
und schließen hinter sich die Tür. Der Franz
verlässt das bunte Fest beim letzten Tanz,
begibt sich einsam auf die „Winterreise".

Ein Quell, aus dem die Lieder fließen tief
ins Herz, getränkt mit Sonnenlicht vergolden
das Dichterwort, verströmt die Kraft im holden
Verklingen, atmend wie ein letzter Brief.

Wer findet Glück? Den „wahren Freund"? Zu spät
die Sehnsucht nach dem guten Weib. Verschwendet
die Liebe in Musik, in wehmutsvollen Terzen.

Er hat „der Hoffnung Saat in Gott gesät".
Es bleibt sein rasches Leben „unvollendet",
wie banges Fragen trifft es unsre Herzen.

Robert Blum

1807 - 1848

Robert Blum, 1807 in Köln geboren, stammt aus ärmlichen Verhältnissen. Masern schwächen seine Sehkraft, aber sein heller Kopf lernt rasch, gefördert vom Vater. Der stirbt früh, und die Armut der Familie verhindert eine gute Schulbildung. Mehrere Ausbildungen scheitern an seiner Sehschwäche. Bei einem Laternenfabrikanten hat er als Handlungsreisender und Verfasser von Werbeschriften endlich Erfolg.

Dann kommt er in Leipzig zum Theater und lernt das Geschäft von der Pike auf. Als Bühnenautor scheitert er jedoch, und auch seine sonstigen Schriften verkaufen sich schlecht.

Blum hat zahlreiche Affären, auch während der Ehe mit seiner politischen Gefährtin Eugenie, mit der er fünf Kinder hat.

In dieser Zeit wächst Robert Blum aber auch in führende Rollen bei der politischen Opposition hinein. In vielen Versammlungen hält er begeisternde und fundierte Reden, gibt Zeitungen heraus, wird Stadtrat in Leipzig und lässt sich in Treffen der Demokratiebewegung entsenden.

Bei der Nationalversammlung in der Frankfurter Paulskirche 1848 tut er sich als Führer der linken Fraktion, aber auch als geschickter Vermittler von Kompromissen hervor.

Sein Ende findet er, als er den Wiener Oktoberrevolutionären Grußadressen überbringt. Bei der Verteidigung gegen die Reaktion wird er gefasst und standrechtlich erschossen.

Robert Blum

Ne Kölsche Jong, Prolet, die Sehkraft schwach,
ein heller Kopf, gestärkt vom kranken Vater,
Laternenlicht wird Broterwerb, Theater
wird Raum der Freiheit, ruft den Dichter wach.

Gedichte, Hymnen, Dramen, kaum gelesen,
ein Freiheitsschauspiel, nie gespielt, Schmonzetten
im Boulevard – durchs Dichten wie durch Betten
schweifend, unstet, untreu, schwankes Wesen.

Doch tiefe Kraft erfüllt den Mann der Republik,
mit starker Rede reißt er mit, das Sorgen
um Ausgleich prägt den linken Demokraten.

„Einheit der Völker" – Traum der Politik,
„Dass Deutschland Eins sei" treibt nach Wien. Am Morgen
zerstört ein Schuss die Zukunft kühner Taten.

Rosa Luxemburg

1871 - 1919

Rosa Luxemburg, geboren 1871, stammt aus einer gebilde-
ten jüdischen Familie in Polen. Schon als Kind begeistert
sie sich für polnische, deutsche und russische, später dann
gesamteuropäische Literatur.

Auf dem Frauengymnasium in Warschau kommt sie mit
marxistischen Gruppen in Berührung und studiert Karl
Marx. Als dies entdeckt wird, flieht sie in die Schweiz und
beginnt in Zürich ein umfassendes Studium.

Von dort beeinflusst sie maßgeblich die Gründung der pol-
nischen Sozialdemokratie, streitet aber für einen internatio-
nalen Sozialismus. Konsequent setzt sie ihren politischen
Weg in der deutschen SPD fort, als wegen ihrer Sprachge-
wandtheit gefragte Wahlkämpferin und als Redakteurin
und Herausgeberin von Zeitungen.

Im Revisionismusstreit vertritt sie die revolutionäre Posi-
tion, behält aber wegen ihres umfassenden Wissens und
ihrer analytischen Schärfe trotz vieler Anfeindungen gro-
ßen Einfluss in der SPD. Sie kämpft gegen den Krieg, sitzt
deswegen im Gefängnis. Als die SPD den Krieg unter-
stützt, führt sie ihr Weg über den Spartakusbund und die
USPD zur KPD. Sie hofft auf eine Revolution.

Im Januar 1919 ermorden Freikorps-Leute sie und Karl
Liebknecht. Ihren Särgen folgen 100.000 Menschen.

Rosa Luxemburg

Welch reicher Geist! Europas Sprachenwelt
war dein Zuhause. Dichten, zeichnen, singen,
rundum studieren, tief die Welt durchdringen,
was Gesellschaft spaltet, was sie hält.

Gelebt hast du mit ihm, Karl Marx, verstanden,
dass nationales Denken lähmt, dass Massen
nur einig schaffen Leben ohne Klassen,
durch Kampf, schon bald, in reifen deutschen Landen.

Doch niemals führt der Weg zur Diktatur!
Denn „Selbstkritik ist Lebensluft" – dein Wort,
das Volksherrschaft und Klassenkampf vereint.

Banaler Tod. Ein Haufen, dumm und stur,
verübt mit Lust den weit gelenkten Mord,
bespuckt den Geist, der hell bis heute scheint.

Auguste Kirchhoff

1867 - 1940

Die Musikerin Auguste Zimmermann stammte aus dem Rheinland und kam durch Heirat nach Bremen. Ihr Mann war der Richter und Senator Georg Kirchhoff, sie hatten fünf Kinder. Trotz Zugehörigkeit zur großbürgerlichen Gesellschaft setzte sie sich schon früh politisch für Stimmrecht und weitere Frauenrechte ein.

Auch ganz praktisch war sie tätig, richtete Häuser für ledige Mütter und eine Beratungsstelle für hilfsbedürftige Frauen ein, half Prostituierten und bekämpfte im Krieg Wucher und Schwarzmarkt, der Hausfrauen in Not brachte.

Vor und noch während des 1. Weltkrieges unterstützte sie den internationalen Pazifismus und wurde deshalb in Bremen geächtet, ihre Veröffentlichungen wurden zensiert. Sofort nach Kriegsende arbeitete sie an prominenter Stelle in der Internationalen Frauenliga für Frieden und Freiheit. Früh erkannte sie die Gefahren durch den Faschismus und kämpfte gegen Militarismus und Antisemitismus.

Ihr Mann hielt zu ihr, gegen die Anfeindungen aus dem Bürgertum. Nach seinem Tod im Jahr 1929 ging ihr jedoch die Kraft aus. Als sie 1940 starb, fand ihre Familie in der Zeit des Naziterrors nicht den Mut, auf ihrem Grabstein ihren Einsatz für Frieden und Frauenrechte zu würdigen.

Auguste Kirchhoff

Welch Mut und Leidenschaft in schwerer Zeit!
Fürs Frauenstimmrecht kämpfen, Häuser bauen
für junge Kindesmütter, arme Frauen
im Krieg beraten, Dirnen schützen, Leid

durch Männer laut benennen: Selbst aus „bester
Gesellschaft", treibst du linke Politik,
trittst ein für Pazifismus noch im Krieg,
du schließt den Bund der Friedensfrauen fester.

Früh warnst du vor Faschismus, Judenhass,
vorm Hakenkreuz, vor Waffenkult, der trügt:
kein Krieg, kein Sieg ist je für Frauen gut.

Dann stirbt dein Mann, der zu dir hält. Das Maß
der Kraft ist aufgebraucht. Dein Grab, es lügt:
die Gattin lobt es, nicht den Kampf, den Mut.

Janusz Korczak

1878 - 1942

Janusz Korczak hieß eigentlich Henryk Goldszmit. Er nahm später sein schriftstellerisches Pseudonym als Namen an. Sein Vater war angesehener Anwalt in Warschau, starb aber früh.

19jährig begann er 1898 ein Medizinstudium, schrieb aber auch erste Dramen und Romane. Einer handelte schon vom Schicksal der Straßenkinder.

Nach Tätigkeit als Kinderarzt und Feldarzt wurde die Pädagogik sein Beruf. Er gründete Waisenhäuser und veröffentlichte Schriften zur Kindererziehung, darunter sein Hauptwerk „Wie man ein Kind lieben soll", schrieb auch Kinderbücher, arbeitete als Dozent und Sachverständiger und hatte schließlich eine eigene Radiosendung zu Kinderthemen. Immer war es ihm wichtig, die eigenständigen Rechte von Kindern zu betonen.

Nach dem deutschen Überfall auf Polen wurde er, wie alles Jüdische, verfolgt. Sein Waisenhaus verlegten die Nazis ins Warschauer Ghetto. Wie auch später 1942, als alle 200 Kinder ins Vernichtungslager Treblinka deportiert wurden, blieb er bei ihnen, obwohl er die Möglichkeit zur Rettung hatte. Es wird erzählt, wie er auf dem Transport die Kinder durch lustige Geschichten und Musik bei Laune hielt und sie selbst in der Gaskammer noch tröstete.

Janusz Korczak

Du zeigst uns, „wie man Kinder lieben soll":
bis nach Treblinka, bis ins Gas, bis Not
des Atmens löscht dein Lächeln, bis zum Tod.
Selbst dort erzählst du Märchen, liebevoll.

„Das Recht des Kindes, so zu sein wie's ist":
Du, alter Rundfunkdoktor, darfst erwähnen
sein Recht auf Achtung, Neugier, Recht auf Tränen,
weil du im Herzen Kind geblieben bist.

Geehrt in Yad Vashem, in Deutschland, Polen,
dein Name prangt an Stelen, Schulen, Gassen,
im Weltall gar – entspricht das deinem Willen?

Dein König Macius kämpft und flieht verstohlen,
dankt ab, kehrt heim, von Freund und Feind verlassen,
und lebt, erfüllt von Tätigkeit, im Stillen.

Edith Stein

1891 - 1942

Edith Stein wurde 1891 in Breslau geboren. Als hochbegabtes Kind einer jüdisch-orthodoxen Familie studierte sie mehrere Fächer und promovierte mit Auszeichnung in Philosophie bei Edmund Husserl. Trotz sehr qualifizierter Veröffentlichungen wurde sie als Frau nicht zur Habilitation zugelassen.

Zunächst atheistisch denkend, kam sie über die Schriften der hl. Teresa von Ávila zur Katholischen Kirche. Sie arbeitete als Lehrerin sowie in der wissenschaftlichen Pädagogik, interessierte sich aber zunehmend für das Ordensleben.

Als nach Hitlers Machtergreifung die Verfolgung der Juden begann, versuchte sie per Brief eine öffentliche Stellungnahme des Papstes zu erreichen. Dies geschah nicht, vermutlich mit Rücksicht auf die Konkordatsverhandlungen.

Im Oktober 1933 trat sie in den Orden der Karmeliterinnen in Köln ein. 1938 floh sie in einen Karmel in den Niederlanden und holte ihre Schwester zu sich.

Nach der deutschen Besetzung 1940 waren die Schwestern erneut bedroht. Als die niederländischen Kirchen 1942 geschlossen gegen die Verfolgung der Juden protestierten, wurden auch die konvertierten Juden, darunter Edith Stein, nach Auschwitz deportiert und ermordet.

Sie wurde 1998 heiliggesprochen. Verschiedene Äußerungen sprechen dafür, dass sie sich bis zuletzt als Jüdin verstand.

Edith Stein

„Ein Stein im Mosaik", mosaisch Kind,
wo ist dein „rechter Platz"? Der Väter Bund
stirbt früh. Dein Weg geht weit, in Nachtesstund
die Frau von Avila dein Herz gewinnt.

Den Stein, der glänzt im Licht, verwirft
der eitle Bund der Professoren. Frau
und Jüdin, kluge Stirn, du stößt dich rau
an Männermauern, hart die Haut sich schürft.

Wie heißer Stein, gemieden bang in Rom,
dein Brief voll tiefer Angst. Mein Volk, oh Herr,
ist's noch „in Deinen Händen eingebettet"?

Ein Stolperstein in Lindenthal, im Dom
Gedenken, Spruch der Heiligkeit. Doch wer
hat dich, hat euch vor Auschwitz nicht gerettet?

Cato Bontjes van Beek

1920 - 1943

Ihr Heimatdorf Fischerhude bei Bremen trug Cato Bontjes van Beek bis zu ihrem frühen Ende im Herzen. Dort wuchs sie im freisinnigen Geistesleben der Künstlerfamilie Breling/Modersohn auf, in die ihr Vater Jan eingeheiratet hatte. Schon als Kind war sie unternehmungslustig und von gewinnendem Wesen, lebte zeitweise in den Niederlanden und in England. Sie begeisterte sich für Sport aller Art, vor allem für das Segelfliegen.

1940, mit 20 Jahren, zog sie nach Berlin zu ihrem Vater, der inzwischen dort eine Keramikwerkstatt betrieb. Mit ihrem Freund, dem Lyriker Heinz Strelow, und ihrer Schwester Mietje half sie Kriegsgefangenen und geriet in Kontakt zur Widerstandsgruppe um Harro Schulze-Boysen. Sie schrieb, druckte und verteilte ein paar Schriften und Flugblätter. Im September 1942 wurde Cato verhaftet und im Januar 1943, zum Entsetzen von Familie und Freundeskreis, zum Tode verurteilt.

Die Hinrichtung in Plötzensee zog sich bis zum August 1943 hin. Sogar Nazifunktionäre aus der Heimat und der NS-Fliegerkorps hatten sich für sie eingesetzt, aber Hitler persönlich lehnte die Gnadengesuche ab. Aus dem Gefängnis gibt es eine Fülle von Tagebuchnotizen, die eine tiefe Menschlichkeit und eine enge Verbundenheit zur Familie und zu ihren Freunden bezeugen.

Es dauerte bis 1999 und erforderte unermüdlichen Einsatz der Mutter, bis Cato gerichtlich rehabilitiert wurde.

Cato Bontjes van Beek

Die wilde Dodo zwingt die Leut' zum Lachen,
erkämpft mit Witz und Faust Gerechtigkeit,
ein freier Geist durchströmt die Kindeszeit,
will fliegen, Glut des Lebens hell entfachen.

Das Moor, die Wiesen: Mutters Bilderkraft
speist sehnsuchtsvoll den weitgereisten Sinn,
treibt mutig an zum Handeln in Berlin,
stärkt Lebensblut in dunkler Todeshaft.

„Ihr redet nur, und keiner tut was." Klar
ihr off'nes Wort, sie hilft mit frischer Tat
Gefang'nen, Juden. Wenn nur dies uns bliebe:

Ein Flugblatt, Briefe, widerständig, wahr.
Sie „will nur eines sein – ein Mensch". Ein Grat,
so schmal, sie stürzt in Mitleid, Menschenliebe.

Sophie Scholl

1921 - 1943

Sophia Magdalena Scholl wurde am 9. Mai 1921 in Württemberg geboren. Mit ihren drei Geschwistern wuchs sie ab 1932 in Ulm auf. Die Mutter war bis zu ihrer Heirat Diakonisse und erzog die Kinder im christlichen Sinn.

Zunächst glaubte Sophie, wie ihr Bruder Hans, an die Werte der Nationalsozialisten. Als Sophie 1941 ihren Reichsarbeitsdienst leistete, las sie mit großem Interesse die Werke des Kirchenvaters Augustinus. Das Buch „Tagebuch eines Landpfarrers" von Georges Bernanos berührte sie tief. Diese Schriften begründeten ihre religiöse Orientierung, die durch eine soziale ergänzt wurde, als sie zeitweise in einem Kindergarten arbeitete.

1942 begann sie ein Studium der Philosophie. Durch ihren Bruder Hans lernte Sophie andere Studenten kennen, die gegen das Naziregime waren. In der Widerstandsgruppe „Weiße Rose" wurde intensiv über die Zukunft Deutschlands diskutiert. Sophie wollte auch durch die Tat für ihre Gesinnung einstehen. Sie verteilte Flugblätter und legte Aufrufe in der Stadt aus.

Am 18. Februar 1943 wurde Sophie Scholl zusammen mit Hans erwischt, wie sie Flugblätter in der Münchener Uni verteilten.

In der Gestapozentrale wurden sie drei Tage lang verhört und schon am 22. Februar durch Roland Freisler in einem kurzen Prozess zum Tode verurteilt. Gegen 17.00 Uhr wurde Sophie mit ihrem Bruder Hans durch die Guillotine enthauptet.

Sophie Scholl

„Die Sonne scheint noch." Weiß die Rose strahlt,
als wärst du nie gestorben, Sophie, nie
dem Ruf gefolgt: Gewissen, herrgottsfrüh
erwacht, ein Fels, wenn Macht das Recht zermahlt.

„Man darf nicht nur dagegen sein." Das schweißt
zusammen: Bruder, Freund, ein Hochschullehrer,
ein Geistesbund der Menschlichkeitsverschwörer
im Meer des Volks, das Wahn und Angst zerreißt.

Geliebt hast du, dass „wir uns nicht verlieren."
Beweint hast du den ausweglosen Schmerz
des Pfarrers, tief erzählt von Bernanos.

Inmitten stumpfer Hörigkeit zu spüren,
wie arm in Trümmern schlägt ein deutsches Herz,
war dein „Bekenntnis", klar und rigoros.

Leo Drabent

1890 - 1944

Leo Drabent wurde 1899 in Blumenthal an der Weser, heute ein Stadtteil von Bremen, geboren. Schon als Lehrling engagierte er sich im Metallarbeiter-Verband, der späteren IG Metall, und in der sozialistischen Jugend. Gerade 18 geworden, wurde er zum Militär gezwungen und an der Front verwundet.

Ab 1923 folgte eine unermüdliche Tätigkeit für die KPD. Auf der Reichsparteischule bestens geschult, gab er seine Erkenntnisse an Kollegen und Genossen weiter. Er wagte es, der aufkommenden NSDAP auf deren eigenen Versammlungen zu widersprechen.

Die Rache der Faschisten folgte rasch. Ab 1933 ging es für Leo Drabent mehrfach zwischen KZ, Werftarbeit und Zuchthaus hin und her. Nach Kriegsbeginn schaffte er es zusammen mit anderen Genossen aus dem Bremer Norden, in einem Netzwerk kleiner Gruppen Widerstand zu organisieren.

Im März 1943 wurde ein Großteil der Gruppe von der Gestapo verhaftet. Der Prozess vor dem so genannten Volksgerichtshof endete im Oktober 1944 mit einem Todesurteil, das kurz darauf im Zuchthaus Brandenburg mit dem Fallbeil vollstreckt wurde.

Leo Drabent

Du stehst für viele: Schlosser, Werftarbeiter,
für Frieden, gegen Krieg, als Junge schon
im Arbeitskampf. Zur Strafe fort ins Bataillon
geschickt, verwundet heim: Der Kampf geht weiter.

Du hast den Mut, Faschisten bloßzustellen
an deren eignem Rednerpult als Feind
des Arbeitsvolks – im Marxschen Geist geeint,
gestählt im scharfen Denken linker Zellen.

Zweihundert Leute brauchen Nazihunde,
um dich zu finden. Folter, Prügel, Haft
zerbrechen nicht den zähen Widerstand.

Und wieder Werft, und Knast, im Untergrunde
verschenkst du treu die letzte tapfre Kraft.
Das Fallbeil füllt den Blutkelch bis zum Rand.

Dietrich Bonhoeffer

1906 - 1945

Dietrich Bonhoeffer wurde am 4. Februar 1906 als sechstes von acht Kindern geboren. Sein Vater Karl war Psychiater und Neurologe, die Mutter Lehrerin. Sie erzog die Kinder im christlichen Glauben. Der Vater hielt sich von Religion fern.

Bonhoeffer begann 1923 ein Theologiestudium in Tübingen und besuchte Vorlesungen in Philosophie. Nach einem Studienaufenthalt in Rom kehrte er nach Berlin zurück. 1928 legte er sein Erstes Theologisches Examen ab. Danach ging Bonhoeffer als Pfarrer nach Barcelona.

Nach seiner Rückkehr versah Bonhoeffer weitere kirchliche Ämter, unter anderem war er Pfarrer in einer Kirche in Berlin.

Entgegen der unter Protestanten weit verbreiteten Euphorie nahm Bonhoeffers Familie die Machtergreifung der Nationalsozialisten im Januar 1933 sehr kritisch auf. Am 1. Februar 1933 hielt Bonhoeffer einen Radiovortrag, in dem er vorschlug, die Macht des Führers einzuschränken.

Nach einem Aufenthalt in England hielt er sich zur „Bekennenden Kirche". Auch bekam er Kontakt zur Widerstandsgruppe um Canaris. Ein Anschlag im März 1943 schlug fehl. Bonhoeffer und die anderen wurden verhaftet.

Sie blieben ohne Prozess inhaftiert, als persönliche Gefangene Hitlers. Der verfügte erst Anfang April 1945 die Hinrichtung.

Dietrich Bonhoeffer

„Von guten Mächten treu und still umgeben",
von Hitlers feigem Hass noch nackt gehenkt,
denn Furcht entfacht, wer Gottes Frieden denkt
im todesgierig kriegsverseuchten Leben.

Der bitt're Kelch, von Zitterhand umfangen,
zieht an dein Herz, nicht kühner Widerstand.
Mit falschem Lorbeer, Schmuck von Lügnerhand,
hat Sekteneifer heute dich behangen.

Gefährlich ist der Gott des Kreuzes, hart
sein Ruf zu folgen seinem Wort, die „Gnade
ist teuer", freie Schuld des Menschen Los.

In stolzer Armut stehst, in Strenge zart,
du treuer Diener schwerer Bundeslade,
dem Frevelzugriff ausgesetzt, ganz bloß.

Mahatma Gandhi

1869 - 1948

Mohandas Karamchand Gandhi wurde 1869 in Porbandar/Indien geboren. Früh wurde er von seiner Familie verheiratet.

Während seines Studiums in London setzte sich Gandhi mit dem Christentum auseinander, aber auch mit dem Islam und dem Buddhismus. Er bemühte sich um Integration in die westliche Gesellschaft: Er ging Tanzen und kleidete sich nach der Mode.

Als Gandhi 1891 in seine Heimat zurückkehrte, erfuhr er vom Tod seiner Mutter. Von 1891 bis 1893 arbeitete er als Rechtsanwalt in Bombay. Danach schickte ihn seine Familie nach Pretoria in Südafrika, um einen Rechtsstreit zu lösen.

Motiviert durch die ihm widerfahrenen Diskriminierungen, begann er sich für die Rechte der indischen Minderheiten einzusetzen. Insgesamt verbrachte er acht Jahre in Gefängnissen, in Südafrika und im britisch besetzten Indien.

Sein Kampf für die Unabhängigkeit Indiens begann 1915 mit seinem Beitritt zum Indischen Nationalkongress (INC). Dabei entwickelte er das Konzept der Gewaltlosigkeit. Berühmt wurde der von ihm organisierte friedliche „Salzmarsch".

Am 3. Juni 1947 verkündete der britische Premierminister Clement Attlee die Unabhängigkeit und Teilung Indiens in das hinduistische Indien und das muslimische Pakistan.

Am 30. Januar 1948 wurde Gandhi von einem nationalistischen Hindu erschossen.

Mahatma Gandhi

Ein schmaler Mann, ein Riese seiner Zeit,
Mahatma, „große Seele" – doch nicht Ehre:
„Respekt, Verständnis, Mitgefühl", die Lehre,
sie ruht auf Säulen tiefer Menschlichkeit.

Gewaltlos leben. Hungerstreik. Den Tod
riskieren, barfuß, trotzen ohne Waffen,
mit „unbeugsamem Willen" Frieden schaffen:
Zum Salz marschiert das Volk auf sein Gebot.

Er lebt als Hindu. Vishnu, Gott als Einer
eröffnet ihm das Herz für fremden Glauben,
der allen Menschen weist den rechten Pfad.

Das Unrecht dulden, wandeln Zorn zu reiner
Kraft: das Land wird frei. Korrupte rauben
sein Erbe, schüren Hass zum Attentat.

Elsa Brandström

1888 - 1948

Elsa Brandström wurde 1888 in St. Petersburg als Tochter des schwedischen Militärattachés in Russland geboren. Dort erlebte sie, nach einer Ausbildung als Lehrerin in Stockholm, den Tod ihrer Mutter und den Beginn des 1. Weltkrieges.

Aus einer freiwilligen Meldung als Krankenschwester wurde ihre Berufung. In den völlig desolaten sibirischen Lagern für Kriegsgefangene half sie eigenhändig, intervenierte bei russischen Behörden und organisierte Hilfe über das Internationale Rote Kreuz.

Die Hilfstätigkeit für ehemalige Kriegsgefangene führte sie nach Deutschland, wo sie Heime für Kriegswaisen gründete und in Vortragsreisen Gelder einwarb. Trotz Schwierigkeiten versuchte sie, auch in der Sowjetunion soziale Projekte umzusetzen.

1933 folgte sie ihrem Mann, einem deutschen Professor, den sie 1929 geheiratet hatte, in die USA. Und wieder organisierte sie Hilfe für deutsche und österreichische Flüchtlinge. Nach dem 2. Weltkrieg ging es weiter: Erneut gründete sie einen Fonds, dieses Mal für notleidende Kinder in Deutschland. Daraus entstand die Organisation CARE International; die berühmten Nachkriegs-Care-Pakete gehen auf sie zurück.

Ein rasch wachsender Krebs beendete früh ihr Leben. Erst das Begräbnis führte sie heim nach Schweden.

Elsa Brandström

Fast alle starben: Hunger, Typhus, Kälte.
„Vergeudung ist's, die Liebe nicht zu geben."
Verhandelt, zugepackt, du gibst kein Leben
verloren, sammelst Geld, Verpflegung, Zelte.

Was Krieg zerstört in Kindern neu zu bauen,
erfüllt dein Herz als Frau. Du magst nicht fragen
nach Schuld, du schaffst ein Heim in Friedenstagen.
Selbst nach dem zweiten Kriege, voller Grauen,

erweckst du weit in Boston CARE-Aktionen.
Was treibt dich an, du Lichtgestalt aus Schweden?
Warum den Deutschen helfen? Ist's naiv?

Muss Menschenliebe sprengen die Nationen?
Dein Leben war ein Segenswerk für jeden,
dein Krebs jedoch zerfraß dich früh und tief.

Camilo Torres

1929 - 1966

Camilo Torres stammt aus der „Elite" Kolumbiens. Sein Vater, ein Arzt, war Rektor der nationalen Universität, danach Konsul in Berlin. Camilo verbrachte Zeiten seines Lebens in Deutschland. Er studierte Jura, wurde dann aber Priester und Soziologe.

Seit 1960 arbeitete er als Soziologieprofessor und Studentenpfarrer an der Universität in Bogotá. Im Sinne der Befreiungstheologie erkannte er in der Armut das größte Problem Südamerikas und suchte die Verbindung zwischen Christentum und Marxismus. 1965 radikalisierten sich seine Thesen. Er setzte sich politisch für streikende Studenten ein und wurde als Priester suspendiert.

Er wurde zur Führungsfigur der linken Einheitsfront im Lande, schrieb deren Grundsatzprogramm und schloss sich, weil er anders keine Hilfe für die Armen sah, der bewaffneten Nationalen Befreiungsfront an.

Im Februar 1966 wurde er bei einem Gefecht mit der Armee erschossen und heimlich begraben. Die christliche Motivation seines Lebensweges wurde erst 50 Jahre nach seinem Tode auch kirchlich gewürdigt.

Camilo Torres

Aus gutem Hause, bürgerlicher Christ,
Jurist – dann Zweifel, Priester, Seelenzorn
auf Armut, Ungerechtigkeit, ein Dorn
im Fleisch: du siehst, „dass Hunger tödlich ist".

Ein dichtes Jahr: Studenten gilt dein Wort
vom Umsturz, Kirche stößt dich weg in Schuld,
die Einheitsfront gelingt – doch Ungeduld
zerreißt dich, Kampfessehnsucht treibt dich fort.

Ein schales, frühes Ende. Bist kein Held,
hast keine Chance, wenn echte Söldner schießen.
Vergessen und verscharrt in fremder Gruft.

Wohin, wenn niemand sonst befreit die Welt?
Wenn Schultern zucken, falsche Tränen fließen?
Wohin, wenn heiße Pflicht zum Kreuzweg ruft?

Martin Luther King

1929 - 1968

Schon sein Vater war Baptistenprediger. Nach einem Deutschlandbesuch 1934 benannte er seinen 1929 geborenen Sohnes Michael in Martin Luther um.

King wächst im Umfeld der Rassentrennung im Süden der USA auf. Der begabte Schüler darf nur auf Schulen und Colleges für Schwarze. Schon mit 19, beeinflusst von Bürgerrechtlern, erlangt er einen Bachelor in Soziologie.

Er entdeckt seine Gabe, Menschen durch Predigten und Reden zu erreichen, weiß aber auch, dass er sich für Veränderungen in der Gesellschaft einsetzen muss. Gandhis gewaltloser Weg wird ihm zum Vorbild.

Ab 1955 kämpft er praktisch für die Bürgerrechte der schwarzen Bevölkerung. Ein erfolgreicher Busboykott und seine brillanten Reden schaffen eine breite Bewegung.

Es gibt auch Rückschläge. Oft sitzt er im Gefängnis, trotz Unterstützung durch Kennedy. Radikalere Gruppen schmähen ihn. Dann, 1964, große Erfolge: das Gesetz zur Aufhebung der Rassentrennung und der Friedensnobelpreis.

Sein Eintreten gegen den Vietnamkrieg entfremdet ihn dem Weißen Haus. Immer häufiger greift er in seinen Reden auch die soziale Ungerechtigkeit an. Am 4. April 1968 erschießt ihn ein Rassist. Tage vorher verglich er sich mit Moses, der vom Berg herab das Gelobte Land sieht.

Martin Luther King

„I have a dream“: Dein Traum, oh yeah, er singt
vom Gottesland des Rechts, weit hinter Bergen,
er treibt den bangen Zug, gesäumt von Särgen,
den Friedensmarsch, wo schwarzer Blues erklingt.

Du mischst dich ein, wo immer Niggerschädel
sich blutig stoßen, hart, an Rasseschranken.
Gewaltlos, Moses gleich, und ohne Wanken,
die Arme eng verhakt, ein Bild, so edel.

Die Ghetto-Brüder trau'n dem Frieden nicht,
Black Panthers spotten deiner milden Reden
von Gotteskindern, voll von Menschlichkeit.

Standst hoch zu Berge, sahst das Land, das Licht,
da trifft die Kugel, Hass, Kalkül, wie jeden,
der Frieden stiftet, heut' und allezeit.

Nelson Mandela

1918 - 2013

Nelson Mandela wurde am 18. Juli 1918 im Dorf Mvezo in der südafrikanischen Transkei geboren. Sein Vater gab ihm den Beinamen „Rohlihlahla", was „Am Ast des Baumes ziehen" bedeutet: ein Name für einen Unruhestifter.

1925 kam er auf eine Methodistenschule, die er mit gutem Zeugnis absolvierte, und dann auf das britisch geprägte University College, wo er seinem langjährigen politischen Weggefährten Oliver Tambo, dem späteren Präsidenten des African National Congress (ANC), begegnete. Nach Jahren als Funktionär der Jugendorganisation des ANC begann er, sich im Widerstand gegen die Apartheid zu engagieren.

1962 wurde Mandela zum ersten Mal verhaftet. Ein Richter verurteilte ihn und sieben Mitstreiter zu lebenslanger Haft wegen Sabotage und Planung eines bewaffneten Kampfes. Er wurde einer der berühmtesten politischen Gefangenen der Welt, eine Symbolfigur für den Kampf der Schwarzen.

Mandela kam erst 1990 frei. Das Verbot des ANC wurde aufgehoben. Als Präsident Südafrikas (1991 – 1997) leitete er die Umgestaltung des Staates und der Gesellschaft ein, geleitet vom Prinzip der Gleichheit aller Bürger.

Am 5. Dezember 2013 starb Nelson Mandela im Kreis seiner Familie. Er hatte die Welt in Südafrika verändert.

Nelson Mandela

So viele Sänger haben dir gesungen,
das „Free Mandela" klang im Erdenkreis,
dich ziert zu Recht der höchste Friedenspreis,
ein Leben, wildbewegt, ist dir gelungen.

Dein Volksstamm prägt dich: Königlicher Sohn,
gerechter Ausgleich im Palaver. Weit
dein Blick durch Bildung: Afrika, befreit
in Frieden, ohne Schranken, als Vision.

Dann Tiefen: Bergwerk, Boxen, Studium
gescheitert, Sieg bei Wahlen für Rassisten.
Jahrzehnte dann dein wechselvoller Streit.

In Haft. Musik ist dein Refugium.
Für Rechte zählst du zu den Terroristen.
Dein Volk, Madiba, liebt dich, allezeit.

Wenn jeder mit sich selbst zufrieden
wäre, gäbe es keine Helden.

Mark Twain

Der Autor:

Jochen Windheuser, geboren 1946 im Ruhrgebiet, war nach Studium der Psychologie und Tätigkeit im Bereich Erziehungsberatung und Psychiatrie Hochschullehrer in der Ausbildung von Sozialarbeitern.

Er lebt heute in Bremen. Nebst Fachartikeln und Projektberichten schrieb er gelegentlich Gedichte und Kurzgeschichten. Erst jetzt wagte er sich an die Veröffentlichung von Büchern. Sein erster Roman ist im Januar 2020 erschienen:

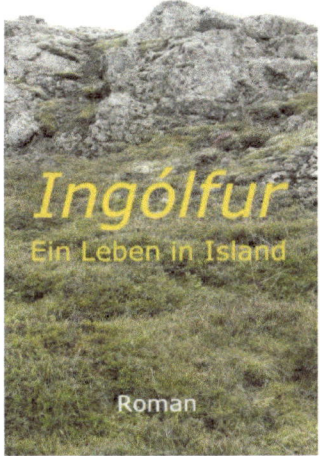

© 2020 Jochen Windheuser
Herstellung und Verlag
Books on Demand, Norderstedt
ISBN 978-3-7504-3770-8

Erzählt wird die Geschichte eines isländischen Jungen im 13. Jahrhundert, sein Kampf um seine sexuelle Identität, das Leben in jener Zeit, die Natur, Kriege und Krise in der Bauernrepublik, die Blütezeit der Dichtung um die Gestalt eines Snorri Sturluson, und die eigentümliche Beziehung zur Traumwelt der Elfen.

328 S., broschiert, 12,99 €
E-Book 9,49 €

Der Zeichner:
Dietmar R. Horbach, geboren in Potsdam, aufgewachsen in Essen, gelandet in Bremen, hat, besonders als Rentner, zur Schriftstellerei gefunden.
Neben seinem Hobby, der Malerei und dem Zeichnen, erfüllt ihn das Schreiben mit großer Freude und Hingabe.

Er möchte jedem raten, der auch gerne darin tätig sein möchte, es zu versuchen, und trotz manchem Fehlschlag nicht aufzugeben. Der Leser findet ihn und, neben Kolleginnen und Kollegen, auch seine Bücher auf der Webseite „die literaturpforte.de".

60 einzigartige Kurzgeschichten

Ob beim Arzt im Wartezimmer, zwischen zwei
Schulstunden oder Vorlesungen, im Zug, im
Flugzeug, zu einer wohlverdienten Pause,
immer gibt es eine Möglichkeit, diese einzig-

BoD Verlag
Norderstedt
433 Seiten
€ 21,90
ISBN:
978-3-7519-7603-9
auch als E-Book
lieferbar

artigen Geschichten zu lesen, ja zu genießen!
Die Vielfalt der Geschichten bieten Ihnen ei-
nen Lesevergnügen, von dem Sie schwer
wieder loskommen.
Dazu wünsche ich Ihnen viel Freude!